segelfliegen

segelfliegen

Ein fröhliches Wörterbuch für Segelflieger, Fluglehrer und -schüler, Thermikschnüffler, Aufwindartisten und alle, die sich ohne Motor in die Luft begeben wollen.

Von B. Pfendtner und
V. K. Thomalla
mit Zeichnungen von H. Mauch

TOMUS

Satz und Druck: Schwabenverlag AG, Ostfildern
Bindearbeiten: Sigloch Buchbinderei, Künzelsau
4 5 6 92 91 90
jeweils erste und letzte Zahl maßgeblich
ISBN 3-8231-0151-X

Acker

A

Abendthermik	Letzte Hoffnung für die Piloten, die zu spät zum Flugplatz gekommen sind und daher erst als letzte starten dürfen.
Abflugtafel	Große Holztafel, auf der die Überlandflieger ihren Frauen und Freundinnen hinterlassen, wo sie hinfliegen und wann sie voraussichtlich zurückkommen werden.
Ablösung, thermische	An einer sich drehenden, kleinen Staub-Windhose zu erkennende Wettererscheinung, die eine gute Thermik anzeigt. Sind viele thermische Ablösungen am Platz zu beobachten, schauen die zum Winden- oder Startleiterdienst eingeteilten Piloten sehnsuchtsvoll auf die Uhr und warten auf ihre Ablösung, damit sie möglichst bald in die Luft kommen.
Abschirmung	Lokales Wetterereignis, das Segelfliegern einen guten Grund gibt, bei Freunden zu landen (siehe auch Kühe).
Achsen	Im Gegensatz zu den meisten Autos hat ein Segelflugzeug in der Regel drei Achsen: Eine Hochachse, die ziemlich weit oben am Flugzeug montiert ist, eine Querachse, die quer durch das ganze Flugzeug geht, sowie eine Längsachse. Die Längsachse ist normalerweise die längste aller Flugzeugachsen und muß daher besonders bei Schulflugzeugen als erste ausgewechselt werden.
Acker	Neben dem Flugplatz ist der Acker die beliebteste Landefläche für Segelflieger. Für einen geübten Piloten ist die Au-

ßenlandung (siehe dort) auf einem Acker kein Problem, obwohl die Tagespresse regelmäßig schreibt, der Pilot sei notgelandet und habe unverletzt überlebt . . .

Akademische Fliegergruppe	Segelflieger mit akademischen Anstrichen, die sich ganz und gar nicht akademisch benehmen – sie sind oft der wildeste Haufen am Flugplatz, haben jede Menge Flausen im Kopf und ständig Ebbe in der Kasse. Trotzdem bauen sie alle fünf Jahre ein revolutionär-neues Flugzeug, für das die Industrie das dreifache an Zeit und das hundertfache an Geld gebraucht hätte.
Alkohol	Es gilt die Regel: 24 Stunden vor dem Start kein Alkohol, und alle Segelflieger halten sich daran: Sie trinken 24 Meter vor dem Flugzeug keinen Alkohol mehr.
Alleinflug, erster	Sechs spannende Minuten für den Fluglehrer, der immer weniger davon überzeugt ist, daß sein allein in der Luft kreisender Schüler die Landebahn wiederfindet. Tut er das, dann blüht ihm eine Tracht Prügel: Jeder Anwesende darf dem frischgebackenen Alleinflieger einen Schlag auf den Hintern verabreichen.
Anhängerkupplung	Die Anhängerkupplung am Auto ist das wichtigste Auswahlkriterium bei der Aufnahme neuer Mitglieder in einen Segelflugverein. Wer keine Anhängerkupplung hat, kommt nicht in den Verein. Wer eine hat, wird aufgenommen und darf in seiner ersten Saison Dauer-Rückholer spielen.
Aufrüsten	Nichts Militärisches. Damit ist das fachgerechte Zusammenstecken der Tragflächen und des Höhenruders mit

Alkohol

dem Rumpf gemeint. Am meisten genervt sind dabei die beiden Helfer, die die Tragflächen halten, so lange die Hauptbolzen noch nicht arretiert sind. Denn was sollen sie von dem Kommando halten: »Auf, und ein bißchen ab dabei«?

Ausklinken

Tätigkeit, die ein Segelflugzeug endgültig vom Windenseil oder vom Schleppflugzeug trennt. Ausklinken gibt es aber auch am Boden, nämlich dann, wenn sich einer, der eigentlich zu einem Dienst eingeteilt ist, unerlaubterweise entfernt. Will der dann aber fliegen, so wird er üblicherweise vom Flugbetrieb ausgeklinkt.

Außenlandung

Sie ist meist unfreiwillig und ereignet sich in aller Regel auf abgemähten Weizen- oder Rübenäckern. Nicht ganz glaubhaft war die Geschichte des Segelfliegers, der ausgerechnet an einem FKK-Badestrand landete. Seine Begründung, fehlende Thermik in einem riesigen blauen Loch zwischen zwei herrlichen Cumulis, glaubte ihm jedoch niemand.

Aushungern

Segelflugzeuge hungert man aus, indem man ihnen solange die Fahrt verweigert, auf die sie gierig sind, bis sie ihr luftiges Element verlassen. Segelflieger hungert man aus, indem man ihnen solange das Bier verweigert, bis sie die Fliegerkneipe verlassen.

Ausklinken

Berblinger

B

Barograph Der Barograph ist kein blaublütiger Mensch, dem man das »n« zwischen dem »o« und dem »g« aberkannt hat. Unter Barograph versteht man vielmehr ein barometrisch funktionierendes Höhenaufzeichnungsgerät, das meist sehr teuer ist und nur aus diesem Grund mit Hochachtung behandelt wird.

Basis 1. Ort, an dem sich Segelflieger am liebsten aufhalten. Am zweitliebsten sitzen sie am Stammtisch und reden über ihre Abenteuer an der Basis.
2. Segelflieger und Parteipolitiker haben eines gemeinsam: Wenn sie den Kontakt zur Basis verlieren, bleiben sie nicht lange oben.

Beiklapp-Flügel Mechanismus, der erfunden wurde, damit die Tragflächen eines Segelflugzeuges an den Rumpf geklappt werden können. Denn nur so kann das Flugzeug in einen Anhänger (siehe dort) verstaut werden. Das Anklappen der Flächen geschieht zweckmäßigerweise am Boden. Passiert es ausnahmsweise einmal in der Luft, hat man trotzdem nachher keine Probleme, das Flugzeug im Anhänger zu verstauen.

Benzinflieger Bösartiges Wort. So nennen Segelflieger die Motorpiloten.

Berblinger Auch als Schneider von Ulm bekannt. Erster Segelflieger, noch vor Lilienthal. Sein Fluggerät flog, hatte aber einen Gleitwinkel von 1:plumps. Und so plumpste Berblinger bei seinem ersten öffentlichen Auftritt – auch wegen Rückenwindes – in die Donau.

Bespannung

Die Bespannung ist ein Teil der äußeren Hülle eines Segelflugzeuges älterer Bauart. Sie besteht in den meisten Fällen aus Textil, aber auch schon aufgebrauchte Putzlappen, Packpapier und alte Zeitungen wurden gesehen. Eine gute Bespannung hält viel aus, nur
a. keinen Wind,
b. keinen Regen, Schnee oder sonstigen Niederschlag
c. keine Stöckel-, Turn- oder sonstigen Schuhe
d. keinen Schwamm oder Seife (siehe dort)
e. keine Kombination aus a + b + c + d

Bleiarsch

Unsanfte Bezeichnung für Piloten, die wegen ihres Fliegengewichtes ein Bleikissen (siehe dort) mitführen müssen.

Bleikissen

Die Kissen haben eine Vorgeschichte. Mitte der 50er Jahre wurden einer Kissenfabrik im Sauerland statt Federn versehentlich Bleiplatten geliefert, und keiner hat's gemerkt: Statt Federn stopften die vollautomatischen Kissenmaschinen Blei in ihre Produkte. Entdeckt wurde der Fehler erst beim Wiegen der Pakete – aber da war es schon zu spät. Was tun? Ein leitender Herr (er war Segelflieger) erinnerte sich an ein Projekt einer Akademischen Fliegergruppe. Die Studenten arbeiteten an einem Blei-Akku, der in einem Kissen untergebracht werden sollte (die Körperwärme des Piloten erhöht die elektrische Energie). Die Akaflieger brauchten dringend dieses Metall für Versuche. So kam die Akaflieg an 20 000 Bleikissen, die sie im Rahmen eines Großversuchs an die Vereine weitergab. Der Versuch starb, und so

Bespannung

liegen unzählige Bleikissen noch heute in den Segelflugzeugen herum, und jeder glaubt, sie haben was mit dem Gewicht zu tun.

Bruch Wort, das man in Fliegerkreisen ungern hört. So manche Kneipe soll schon in Bruch gegangen sein, weil unbedarfte Zeitgenossen behauptet haben, Segelflieger würden nur Bruch produzieren.

C

Checkliste Auf ihr findet der Pilot das Gebet, das er vor dem Start sprechen sollte.

Club Neumodische Bezeichnung für den Luftsportverein (siehe dort).

Cumulus Wolke, die bei normalen Menschen Gedanken an einen Regenschirm hervorruft. Segelflieger dagegen freuen sich über jede Cumulus-Wolke. Je dicker, um so besser. Denn eine Cumulus-Wolke ist Zeichen für einen Aufwind.

D

Dame im Slip Ist an Segelflugplätzen öfter zu beobachten. Nämlich dann, wenn eine Pilotin mittels Seitengleitflug vor der Landung

Bruch

Doppelraab

Höhe abbaut. Literatur in der Richtung, die Ihre Phantasie gerade beflügelt hat, finden Sie nicht in diesem außerordentlich seriösen Buch, sondern am Bahnhofskiosk oder in einschlägigen Shops.

Diamant

Auszeichnung für Höhenflieger, die wie die Eiszapfen gefroren wieder an den Boden kommen. In der Frühzeit sollten sie auch dafür den »Höhen-Eiszapfen« bekommen. Als man jedoch bemerkte, daß sich diese Art der Auszeichnung unter normalen Temperaturen nicht sonderlich lange hält, stieg man auf Diamanten um.

Doppelraab

Einsitziger Ausbildungs-Doppelsitzer, bei dem der Fluglehrer hinter dem Schüler eingeklemmt ist und diesem nur über dessen Schulter ans Steuer fassen kann. Sehr unbeliebt bei Fluglehrern – außer, wenn sie Flugschülerinnen ausbilden müssen.

Dosen-Vario

Segelflieger sind überzeugte Umweltschützer. Nichts wird weggeschmissen, alles wird recycled. So auch die leeren Cola-Dosen. Aus ihnen baut man nämlich Variometer (siehe dort), die sogenannten Dosen-Varios.

Dreieck

Für Segelflieger ist das Dreieck die kürzeste Verbindung zu einem Fluggelände. Die Dreiecke werden nach der addierten Summe ihrer Schenkel-Kilometer benannt, als 50-Kilometer-, 100-Kilometer-, 300-Kilometer- oder 500-Kilometer-Dreieck. Je größer die Erfahrung eines Piloten, um so größer werden die geflogenen Dreiecke. Ganz alte Hasen erkennt man daran, daß sie wieder 300-Kilometer-Drei-

Einhaken

ecke fliegen. Allerdings tun sie das nur zum Aufwärmen, bevor sie zum 1000-Kilometer-Dreieck abfliegen.

Düse

Auch Segelflugzeuge haben eine Düse. Im Gegensatz zu den Düsen der anderen Flugzeuge sind diese Düsen aber beweglich. Sie befinden sich am Piloten, wenn er seinen ersten Alleinflug, seinen ersten Überlandflug oder seinen ersten Wettbewerb antreten soll.

E

Ehefrauen

Auch Freundinnen von Segelfliegern. Nur die geduldigste Frau kann mit einem Segelflieger zusammensein. Völlig normal ist es, wenn sie nach vier Wochen Trennung und zehn Stunden Zugfahrt von ihrem Mann/Freund mit den Worten begrüßt wird: »Moment, Schatz, ich muß zuerst geschwind das Flugzeug versorgen.«

Einhaken

Auch einklinken genannt. Eine der letzten Tätigkeiten, die an einem Segelflugzeug vollbracht werden, bevor es auf die luftige Reise geht. Hat nichts mit dem besonders in den Karnevalshochburgen beliebten Einhaken zum Schunkeln zu tun, obwohl das Segelflugzeug nach dem Einhaken manchmal auch ganz schön schunkelt.

Einsitzer

Dieser Begriff bezeichnet nicht etwa ein einsitziges Segelflugzeug, sondern den Flugschüler, der so lange in einem neuen Flugzeug sitzen muß, bis die Kissen weich genug sind, daß die Fluglehrer auf ihnen sitzen wollen. Sind die Kissen nicht weich genug für den Fluglehrer, muß der Einsitzer nachsitzen. Und das unter Umständen sogar in einem Doppelsitzer.

Endanflug

Ist das, womit Hochleistungs-Piloten am meisten zu kämpfen haben: Kommen sie von einem Überlandflug zu hoch an, grämen sie sich. Kommen sie zu tief an, ärgern sie sich ebenfalls. Flugschüler haben diese Probleme nicht: Sie halten sich an die Platzrunde und kommen immer richtig an.

F

Fahrt

Wichtigste physikalische Größe beim Segelfliegen. Achtet der Flugschüler nicht auf die Fahrt, kommt der hinten sitzende Fluglehrer in Fahrt.

Fahrtmesser

Scharfes Instrument, mit dem Segelflieger ihre Kilometer zerschneiden. Motorflugzeug-Piloten zerschneiden mit dem Fahrtmesser Knoten.

Fläche

Kurzform für Tragfläche. Zwei Stück davon ragen aus dem Rumpf und sorgen an heißen Tagen für Schatten. Nachteil: Die Tragflächen erschweren es erheblich, die Flugzeuge am Abend alle in der Halle unterzubringen.

Flächenbelastung

Einer der wichtigsten Begriffe der Segelfliegerei. Wird mit der folgenden Formel berechnet:

Einsitzer

$$\frac{\text{Anhängerfläche in cm}^2 \times \text{Anzahl der zu verstauenden Bierkisten}}{\text{PS des Zugfahrzeuges} \times \text{Strecke bis zum Fluglager in km}}$$

$= \text{Flächenbelastung in Bk/m}^2$ (Bierkisten pro Quadratmeter)

Flächenläufer Siehe Flugplatz-Hund.

Flautenschieber Politiker, der Arbeitslosenzahlen vertuschen will.

Fliegerlatinum Fliegerbegriff für die Sprache, die beim Funken benutzt wird. Motorflieger und Verkehrsflugzeug-Kapitäne haken die Behauptung eines Segelfliegers, er könne vorschriftsmäßig funken, unter der Rubrik Fliegerlatein ab.

Fliegersprache Sprache, die die Flieger vom gemeinen Fußvolk unterscheidet. Jeder Segelflieger ist aber gerne bereit, einer Anfängerin das Fachchinesisch der Fliegerei zu erklären.

Flughandbuch Seitenstarkes, schweres Werk, in dem alles über das einzelne Flugzeug steht. Ist die Bibel des Flugzeuges. Sie ist immer dabei und wird nie gelesen.

Fluglager Beeindruckende Vorführung eines Segelflugvereins, die meist auf einer Wiese im Ausland stattfindet. Innerhalb kürzester Zeit wird aus dem Nichts ein bewohnbares Lager mit Zelten, Flugzeugen, mehreren Hektolitern Bier, Grillplatz und Open-Air-Disco gestampft. Vor lauter Improvisieren wird dann mitunter schon mal das Fliegen vergessen.

Fluglehrer 1. Erfahrener Pilot, der alles kann, alles besser weiß, alles schon einmal erlebt hat. Er bringt seinen Opfern in erster

Fluglehrer

Flugvorbereitung, gründliche

Linie bei, daß sie nichts können, nichts wissen und noch nichts erlebt haben.

2. Offenbar unzufriedener Mensch, der auf dem hinteren Sitz des Doppelsitzers Platz nimmt und schon vor dem Start alles besser weiß und überall reinredet. Während des Fluges gibt er die Richtung an, bei der Landung schimpft er, und manchmal greift er dem Piloten auch ins Steuer. Ist der Fluglehrer aber still, dann ist das auch nicht angenehm – er führt dann meist was im Schilde. Ob er seinen Flugschüler etwa beim nächsten Start allein in die Luft lassen will?

Flugplatz-Hund

Vierbeiner, der zur Stammannschaft gehört, aber selbst nicht fliegen kann. Die Gründe dafür lauten folgendermaßen:

1. Er ist nicht flugtauglich. Der Fliegerarzt kann den Hund nicht tauglich schreiben, da er sich mit der Anatomie von Vierbeinern zu wenig auskennt. Und ein Tierarzt bekommt vom Luftfahrt-Bundesamt grundsätzlich nicht die Zulassung als Flieger-Tierarzt.

2. Er ist zu dumm. Man erkennt diesen Typ Flugplatz-Hund daran, daß er jedem startenden Segelflugzeug hinterherhechelt. Schmerzhafte und unangenehme Erfahrungen haben bei ihm keinen Lerneffekt. Dieser Vierbeiner bekommt während jeder Flugsaison zweimal das Leitwerk eines davonrollenden Segelflugzeugs an den Kopf und wird dann zum Tierarzt gebracht. Geschmückt mit seinem neuen Kopfverband rennt dann dieser Vierbeiner dem nächsten startenden Segelflugzeug hinterher, das er am Flugplatz erblickt.

Flugvorbereitung, gründliche

Was ist das?

Frauen

Im Gegensatz zu vielen anderen Sportarten sind die Frauen aktiv am Segelfliegen beteiligt und können so das Hobby ihrer Männer teilen. Sollten sie nicht fliegen, können sie sich so sinnvollen Tätigkeiten wie dem Abwaschen der Gläser in der Fliegerkneipe oder dem Polieren des Familienautos oder dem Besorgen des Bieres für das abendliche Saufgelage widmen. Fliegen sie aber, sind sie häufig besser als die Männer.

Fünffingerprobe

Eselsbrücke für Segel-Schüler. Erster Finger: Fallschirm und Gurt eingehakt? Zweiter Finger: Alle Ruder frei? Dritter Finger: Bremsklappen eingefahren? Vierter Finger: Haube verriegelt? Fünfter Finger: Trimmung eingestellt? Da aber normale Menschen zehn Finger haben, prüfen die Segelflieger weiter: Hat die Kneipe heute abend offen? Habe ich lange genug Ausgang? Ist noch Geld im Portemonnaie? Hat irgendwer heute Geburtstag? Wer fährt mich anschließend nach Hause?

Funkdisziplin

Ein nie zu erreichender Zustand im Flugfunkverkehr, bei dem alle Funkteilnehmer nur das sagen, was für die sichere Durchführung eines Fluges notwendig ist. Böse Zungen behaupten, viele Segelflieger wüßten nicht einmal, wie man Funkdißzilihn schreibt.

Funkdisziplin

G

Gafor

Telefonische Wettervorhersage per automatischem Anrufbeantworter. Zeichnet sich besonders dadurch aus, daß
a. die Nummer dauernd besetzt ist,
b. der Anrufbeantworter nicht eingeschaltet ist,
c. das falsche Tonband eingelegt ist,
d. die Wettervorhersage das falsche Gebiet betrifft,
e. das vorhergesagte Wetter genau an diesem Tag nicht im Programm des Wettergottes vorgesehen ist.

Geld

Heikles Kapitel bei Segelfliegern. Sie haben keines, weil sie alles, was sie übrig haben, auf die Vereinskonten einbezahlen, um fliegen zu dürfen.

Gleitverhältnis

Gleitzahl mit einer 1 und einem Doppelpunkt davor. Sie hat die gleiche Bedeutung wie die Gleitzahl, sieht aber wesentlich wissenschaftlicher aus und wird daher gern benutzt.

Gleitzahl

Zahl, mit der ausgedrückt wird, wie weit ein Segelflugzeug gleiten kann. Die Gleitzahl wird mit der Formel »π mal plumps« errechnet.

Grünthermik

a) Kommt nur bei Wettbewerben der Offenen Klasse vor. Von Grünthermik spricht man dann, wenn ein Segelflieger auf der grünen Wiese landet und vor Neid grün im Gesicht wird, weil seine Kameraden über ihn hinweg weiterfliegen.
b) Auch »Schleudertrauma-Thermik« genannt. Wenn die Thermik so ruppig ist, daß selbst erfahrene Streckenflieger

Gafor

Gummiseil

beim Kurbeln zu kübeln beginnen und dabei eine grüne Gesichtsfarbe annehmen.

Gummiseil Überdimensionales Gummiband, mit dem Segelflugzeuge unter Aufwendung von viel menschlicher Kraft und einigen Litern Schweiß in die Luft geschleudert werden. Gummiseilstarts sind heute nicht mehr üblich. Der Kautschuk ist zu teuer.

Gurte Dienen der Flugsicherheit. Und zwar insofern, als sie auch den nervösesten Piloten zu Geduld und Langmut zwingen. Er muß nämlich vor dem Start, nachdem er sich in den Segler gesetzt hat, mit List, Tücke und einer nicht zu unterschätzenden Kombinationsgabe den *Gurt*ischen Knoten entwirren.

Gurtzeug Gehört zum Fallschirm und erfüllt die wichtige Funktion, den Unglückspiloten in der Nähe des Fallschirms zu halten, damit der ihn mehr oder weniger lädiert nach unten bringt. Hat ein Pilot das Gurtzeug vor einem Notabsprung nicht eng genug angelegt, dann springt er oben als Onkel ab und kommt unten als Tante an.

H

Hallen-Huber Flieger aus Bayern, der es vorzüglich versteht, in einer für sieben Flugzeuge konstruierten Halle 20 Segelflugzeuge so zu verstauen und zu verschachteln, daß am nächsten Tag keiner mehr ohne den Hallen-Huber die Flugzeuge ausräumen kann. Wer mehr als 20 Flugzeuge in die Halle kriegt, bekommt den Titel Schachtel-Huber und wird zum Ehrenmitglied ernannt.

Hallentore Haben bei Segelfliegern magische Bedeutung. Zwei Zitate: »Heute ist so ein Hammerwetter, daß selbst Hallentore fliegen würden«, sagen manche. Und andere, meist Fluglehrer, meinen: »Wer morgens beim Öffnen der Hallentore nicht am Platz ist, der fliegt nicht«.

Hammer Der Hammer ist ein sehr wichtiges Werkzeug bei Segelfliegern: Man braucht es, um sehr gutes Wetter zu beschreiben (Hammerthermik). Wenn beides nicht vorhanden ist, kreist der Hammer bei der Werkstattarbeit.

Haube Der startklare Segelflieger sitzt unter der Haube. Ist er aber wirklich unter der Haube, dann ist er oft nicht startklar. Aber genug der Spitzfindigkeiten. Die Haube ist das durchsichtige Flugzeugteil, das den Piloten vor Wind und Wetter schützt. Ist die Haube kaputt, dann müssen Flieger und Flugzeug am Boden bleiben. Meist wird die Haube beschädigt, weil sie neben dem Flugzeug im Gras liegt und einer über das durchsichtige Ding stolpert. Dann gibt's was auf die Haube.

Höhenmesser Scharfkantiges Instrument, das dem Fahrtmesser (siehe dort) nicht unähnlich ist. Allerdings wird mit dem Höhenmesser bei Höhenflügen am höchsten Punkt ein Höhenmeter abgeschnitten, damit man unten am Boden beweisen kann, auf welcher Höhe man gewesen ist. Wer genug Hö-

Hallen-Huber

Hol's der Teufel

henmeter gesammelt hat, darf sie übereinanderlegen und sich Hochstapler nennen.

Höhenruder Paddelförmiges Flugzeugzubehör, das ausschließlich dann vom Piloten benutzt wird, wenn die Thermik nicht ausreicht, das Flugzeug steigen zu lassen. Das Höhenruder wird nur ungern eingesetzt, da längerer Gebrauch zu Muskelkater führt.

Holm- und Rippenbruch Fliegergruß aus der Pionierzeit. Starb mit der Einführung von Kunststoff-Flugzeugen aus.

Hol's der Teufel Segelflugzeug aus den Anfängen der Segelfliegerei, das über so gute Flugeigenschaften verfügte, daß die Piloten es mit dem Lob »Hol's der Teufel« überhäuften.

I

Ikarus Antiker Bengel, der in keinem Buch über Fliegerei fehlen darf. Da er weder GfK noch CfK kannte und deshalb Wachs und Federn für seinen Flugversuch verwendete, mußte er feststellen, daß Menschen eine denkbar schlechte Gleitzahl haben.

IMC Begriff aus der Motorfliegerei für schlechtes Wetter. Dort bedeudet IMC die Fortsetzung des guten Wetters mit anderen Mitteln. Segelflieger setzen bei IMC-Wetter nichts fort – sie setzen sich in die Fliegerkneipe und bestellen ein Bier.

K

Kompaß Schnapsgefülltes Glas, in dem eine Kugel schwimmt. Die Schnapskugel zeigt den Segelfliegern, wo es langgeht.

Kotztüte Multifunktionales Meßgerät, das je nach Füllungsgrad die Eignung beziehungsweise Nichteignung eines Passagiers als Mitflieger anzeigt. Von Wettbewerbspiloten wird die Kotztüte ab und zu auch zur Entsorgung des letzten Kaffees vor dem Wettbewerbsstart mißbraucht, was regelmäßig zu lautstarken Protesten der hinten im Wettbewerbspulk fliegenden Konkurrenten führt.

Kräfteparallelogramm Es soll beweisen, daß der Fluglehrer nicht nur praktisch fliegen, sondern im Theorieunterricht auch ein schönes Flugzeug an die Tafel zeichnen kann. Die vielen Pfeile, die aus dem Flugzeug rausragen, geben dem Unterricht einen wissenschaftlichen Anstrich. Es braucht gar nicht auf die Pfeile eingegangen zu werden, sie sagen nur eines: Jedes Flugzeug strebt zum Boden. Das eine schneller, das andere weniger schnell.

Kühe Weibliche, milchgebende und blödgesichtige Landtiere, zu denen sich Segelflieger besonders hingezogen fühlen. Wenn sie eine Gruppe dieser Freundinnen am Boden sehen, dann landen sie bei ihnen.

Kuller Zusatzrad für Segler, das das Rangieren der Flugzeuge am Boden erheblich erleichtert. Nachteil: Wer einen Kuller zu einem Flugzeug hinträgt, um ihn an diesem zu befestigen,

Kräfteparallelogramm

Kuller

hat immer gerade den Kuller dabei, der ausgerechnet zu diesem Flugzeug nicht paßt.

Kunstflug Die Art, ein Flugzeug zu bewegen, die bei den mitfliegenden Passagieren die höchste Bewunderung auslöst – oder den Wunsch, möglichst schnell wieder auf den Boden zu kommen. Kunstflug ist sehr dazu geeignet, den Freund oder die Freundin mitzunehmen. Wenn der Bürgermeister den Verein kennenlernen will, um über die Sportförderung zu entscheiden, sollte man mit ihm keinen Kunstflug machen.

Kunststoff Der Stoff, aus dem die Segelflieger-Träume sind. Nein, wir sprechen nicht von billigem Plastik, sondern von edlen Glasfaser-, Kohlefaser- oder sonstigen Verbundwerkstoffen, die die Gleitzahlen in vorher nie gekannte, schier astronomische Höhen schnellen ließen. Einziger Nachteil: Mit den Gleitzahlen wuchsen die Segelflugzeug-Preise proportional.

L

Landebahn Langes und schmales Stück Landschaft, das von anfliegenden Piloten getroffen werden sollte. Im Prinzip ist das kein Problem. Einzig Wettbewerbspiloten klagen darüber, daß sie wegen der großen Spannweite ihrer Superorchideen (siehe dort) quer landen müssen, weil die Landebahn nicht breit genug ist.

Landegasse	Platz, der freundlicherweise einem anfliegenden Segelflieger gewährt wird, damit er dort sein Flugzeug aufsetzen und ausrollen lassen kann. Die Landegasse ist erkennbar durch herumliegende Kuller (siehe dort) und den Flugplatzhund, der mittendrin steht und den anfliegenden Segler anbellt.
Lande-T	Auch Landekreuz genannt, weil es ein Kreuz ist, rechts neben dem Ding aufzusetzen.
Leim	Die ersten Segelflugzeuge waren (natürlich) aus Holz, Leinentuch oder Packpapier. Zusammengehalten wurden diese Konstruktionen mit Leim. Anfangs verwendete man einen besonders leicht zu verarbeitenden Leim, der nur eine negative Eigenschaft aufwies: Er löste sich bei Nässe auf. Später stieg man auf Knochen- und Kaltleim um. Diese Leime wiesen nun eine andere Eigenschaft auf: Sie hielten so gut, daß man die Tragflächen-Rippen beim Entfernen der Bespannung gleich mitzerstörte. Böse Zungen behaupten, das ungelöste Leimproblem habe dazu geführt, daß die Kunststoff-Segelflugzeuge erfunden worden sind.
Leporello	Fahrzeug, bei dessen Anblick es jedem TÜV-Ingenieur in den Fingern juckt, das Ding zu entstempeln – was nicht geht, da eh' kein Kennzeichen mehr dran ist. Der Leporello (rückwärts gelesen heißt er oller Opel) dient als Fahrschulwagen für den Fliegernachwuchs. Wer noch nicht 14 ist und daher noch nicht mit der Flugausbildung beginnen darf, macht sich schon mal nützlich und zieht mit dem Leporello die Windenseile von der Winde zur Startstelle.

Meteorologie

Luftsportverein Zweite Heimat eines jeden Segelfliegers. Gegner dieser Vereine behaupten, es sei deswegen schon zu Ehescheidungen gekommen, was aber nicht stimmt. Ein Pilot läßt sich nicht von seinem Verein scheiden.

M

MacCready-Ring Wie im Eheleben ist auch der MacCready-Ring bindend. Allerdings nicht an einen Partner, sondern an eine bestimmte Geschwindigkeit. Wer dieser Bindung untreu wird, kann auch beim Segelfliegen schnell auf dem Bauch liegen.

Messerflug Flugzustand, der dann entsteht, wenn sich ein Pilot nicht entscheiden kann, ob er nun auf dem Rücken oder normal fliegen soll. Beobachtet ein Fluglehrer das Manöver, dann steht es auf Messers Schneide, ob der Pilot Startverbot bekommt oder nicht.

Meteorologie Jene an Magie grenzende Wissenschaft, die es immer wieder schafft, ein Wetter vorherzusagen, das nicht eintrifft. Behauptungen, die Meteorologie hätte seit Jahrzehnten keine Fortschritte gemacht, stimmen nicht. Die Meteorologen sind heute in der Lage zu erklären, warum das Wetter, das sie vorhergesagt haben, nicht eingetroffen ist.

Mindestfluggeschwindigkeit Sie wird im Gegensatz zur Höchstgeschwindigkeit bei Autos nicht mit Radar überwacht. Denn unterschreitet man die Mindestfluggeschwindigkeit, dann fällt das Flugzeug von selbst vom Himmel.

Morane

Vorgängerin der Remorqueur (siehe dort). Altehrwürdiges Blech-Schleppflugzeug, das Fluggäste immer durch sein schepperndes Geräusch beim Aufsetzen und Ausrollen zum schnellen Rückzug vom Flugplatz veranlaßte.

Motor

Wenn Segelflugzeuge einen Motor haben, dann sind es Motorsegler. Und warum sind manche Motorsegler-Motoren so laut? Damit der Pilot nicht vergißt, ihn in der Luft abzustellen. Dann ist der Segelflieger nämlich wieder ein Segelflieger, obwohl er einen Motor hat. Alles klar?

Motorflieger

Segelflieger betrachten die Motorflugzeug-Piloten eher skeptisch. »Da die keine Ahnung vom Wetter haben,« so wird behauptet, »müssen sie einen Motor haben, um fliegen zu können.«

Motorsegler

Von Segelfliegern gerade noch akzeptierte Form, einen Propeller (siehe dort) durch die Luft zu bewegen. Da sich manche Segelflieger mit ihrem Propeller nicht auf das Fluggelände trauen, haben sie eine Vorrichtung erfunden, Prop und Motor im Rumpf verschwinden zu lassen. Als Alibi muß dann die Aerodynamik herhalten.

Mütze, weiße

Kopfbedeckung eines jeden Segelflugzeug-Piloten, die jüngere Piloten vor einem Sonnenstich und ältere vor einem Sonnenbrand schützen soll. Sie wird in einigen wenigen Fällen auch zweckentfremdet – siehe Kotztüte.

Mütze

N

Nase

Körperteil, das bei den ersten Segelfliegern in Form und Größe besonders ausgeprägt sein mußte, da sie immer darauf fielen.

Navigation

Navigation ist die Kunst, aus einem ständig sich drehenden und sinkenden Segelflugzeug heraus eine passende Landschaft für die mitgeführte Karte zu finden, ohne dabei die Suche nach der Thermik zu vernachlässigen. Sonst ist man zu einer Außenlandung gezwungen (siehe dort). Die Außenlandung bietet aber aus navigatorischer Sicht den Vorteil, daß man an der Farbe der Kühe (siehe dort) erkennen kann, in welchem Teil Europas man gerade ist.

Near-Miss

Nein, mit Near-Miss ist nicht der Seelenzustand gemeint, in dem sich ein Jüngling befindet, der in einem Doppelsitzer mit seiner Angebeteten fliegt. Vielmehr meint Near-Miss eine gefährliche Begegnung zweier Luftfahrzeuge in der Luft. Manche Airline-Kapitäne treiben mit Near-Miss-Meldungen Schindluder und melden Segelflugzeuge bereits dann, wenn sie gerade am Horizont zu ahnen sind. Segelflieger führen das auf den Neid der Kapitäne zurück, denn die Airliner müssen luftrechtlich den schwächeren Verkehrsteilnehmern, also den Segelflugzeugen, Vorflugrecht gewähren.

Nebel

Wetterlage, die Segelflieger ohne Umwege über das Flugfeld an den Biertisch lockt.

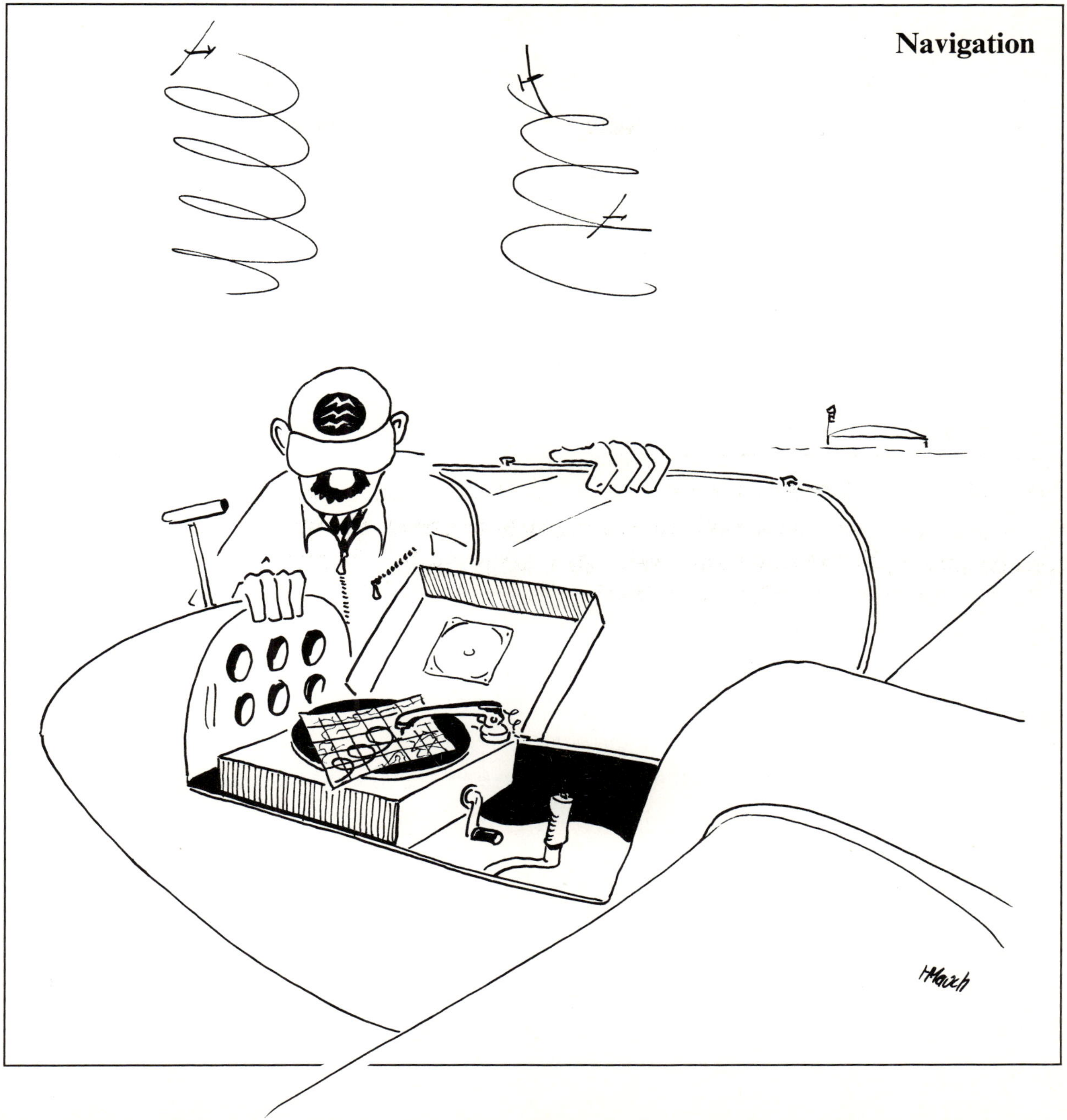

Navigation

O

Offene Klasse	Wettbewerbsklasse, deren Flugzeuge sich nicht nur durch technische Offenheit für alle Neuerungen auszeichnen, auch deren Piloten sind offen: Sie nehmen gerne jede neue (für sie günstige) Interpretation der Wettbewerbsregeln offen auf und diskutieren darüber stundenlang mit dem genervten Wettbewerbsleiter.
Olympia-Meise	Tick, den Segelflieger haben, die mit ihrem Sport an den Olympischen Spielen teilnehmen wollen.
Orchidee	Kleine Schwester der Superorchidee (siehe dort).
Orientierung	Das, was ein Segelflieger nie verlieren sollte. Und wenn, dann höchstens auf dem Weg aus der Fliegerkneipe.

P

Pilotenoverall	Beliebtes, leuchtend-orangenes Bekleidungsstück vieler Flugschüler. Es dient in erster Linie dazu, Flugplatzbesuchern zu signalisieren: »Ich gehöre zu den Piloten!« Zum Fliegen werden die Overalls wieder ausgezogen, denn entweder schwitzt man in ihnen oder friert – je nach Wetter.
Pitotrohr	Staurohr eines Segelfliegers namens Pitot. Siehe Staurohr.

Orientierung

Quatschen

ich komme
wo seid ihr
wo sind
die 3met
wo
HORIZONT
RUHE
bis heute abend
hier gehts rauf
da
mehr rechts
dord
drei meter
wo seid ihr
ab
ich saufe
ich hau ab

Platzrunde a) Berstender Fliegerstammtisch.
b) Trampelpfad um den Flugplatz, der morgens von den Segelfliegern zum Joggen benutzt wird.
c) Geschwätzige Menschenmenge, die den Startwagen umrundet und den Startleiter erst zum Schnauben, dann zum Platzen bringt.

Polieren Wichtigste Betätigung der Wettbewerbspiloten vor dem Start, um die Gleitleistung des Flugzeuges um Null-Komma-weiß-Gott was zu verbessern. Die aerodynamische Wirkung dieses manischen Flugzeug-Putzens ist umstritten, die psychologisch-beruhigende Wirkung hingegen ist enorm.

Position Der Punkt des Fluges, ab dem es nur noch abwärts geht. Wer ab hier nicht runterkommt, der wird nach der Landung vom Fluglehrer niedergemacht.

Propeller Neumodischer Firlefanz an einigen Flugzeugen. Befindet sich normalerweise vorne am Flugzeug. Richtige Segelflieger brauchen einen solchen Quirl nicht und fliegen wie eh' und je vorne ohne.

Q

Quatschen Siehe Funkdisziplin.

Rettungsfallschirm, manuell

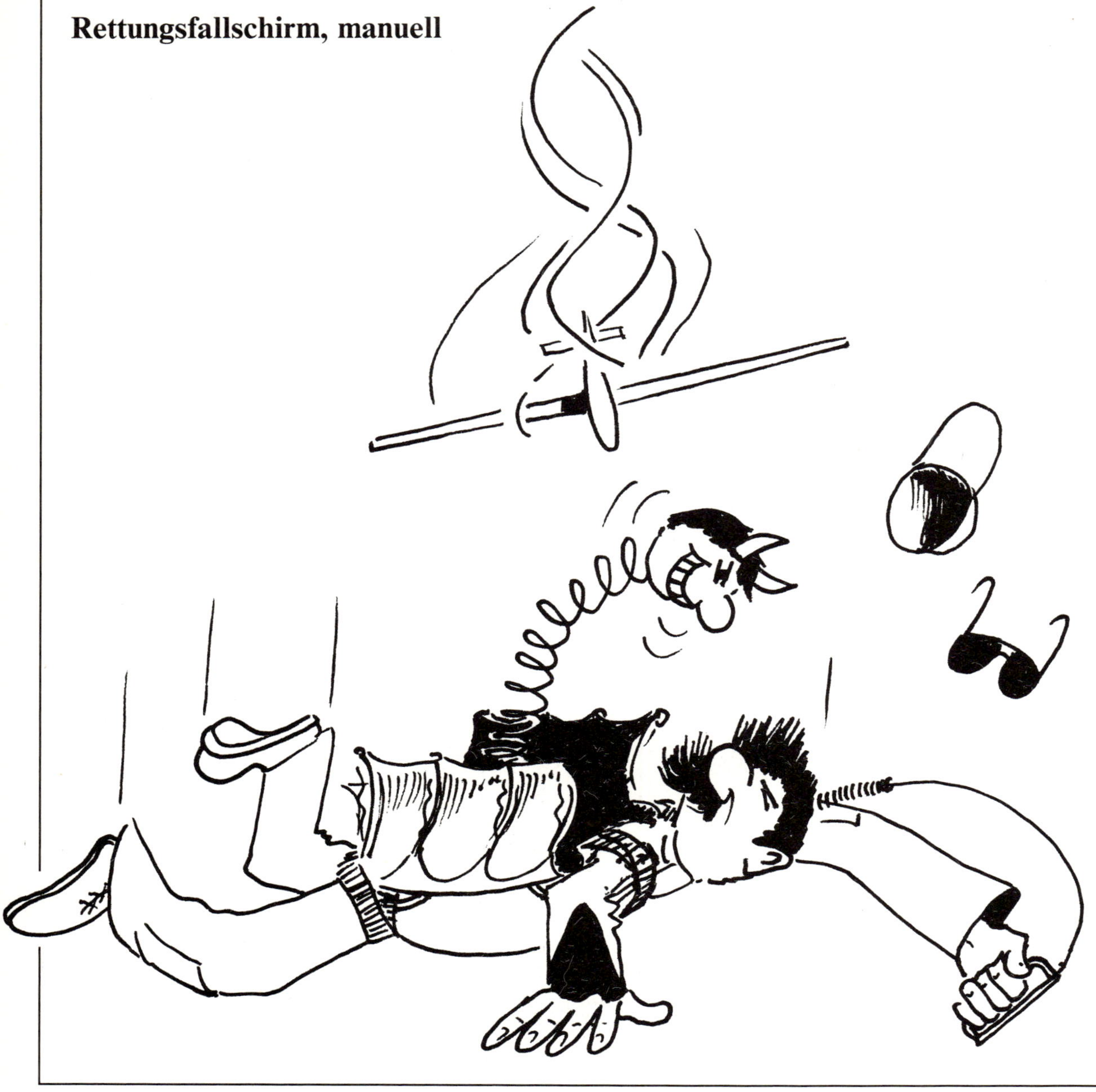

QNH	Aktueller Luftdruckwert. Die Abkürzung QNH soll entstanden sein, als ein Pilot mit vielen Worten über Funk das aktuelle Wetter verlangte. Der Flugleiter antwortete ihm darauf erbost: »*Q*uatsch *n*icht *h*erum, sonst gibt es Druck, und zwar 1013,25 hPa!«

R

Randwirbel	Wirbel, die am Rande eines Wettbewerbs entstehen, wenn bestimmte Meisterflieger mal wieder ihre eigene Interpretation der Regeln durchsetzen wollen.
Rettungsfallschirm	Unbequemes Textilbündel, das der Segelflieger gern als Sitzkissen beim Fliegen benutzt. Für zerstreute Piloten wurde ein Gurtzeug zum Umschnallen erfunden. Anderweitige Verwendungen des Rettungsfallschirmes sind nicht bekannt.
Richtungsstabilität	Ein Fluglehrer ist dann richtungsstabil, wenn er in der Luft nicht jede Minute seine Meinung ändert und nicht von seinem Schüler einmal nach links, dann wieder nach rechts, jetzt geradeaus und höher, und dann wieder tiefer chauffiert werden will.
Ringelpiez	Bewegung eines Flugzeugs, die dann entsteht, wenn die Erde ein rollendes Flugzeug am Tragflächenende packt. Der Volkstanz Ringelpiez hat sein Vorbild in den Bewegungen eines Fluglehrers, der sein Flugzeug einen Ringelpiez machen sieht.

Robin Remorqueur Die Remorqueur ist der Lanz-Bulldog der Lüfte. Sie arbeitet an schönen Tagen von morgens bis abends und kriegt erst nach Sonnenuntergang Ruhe. Sie ist auch Gegenstand des schönen alten Volksliedes: Im Märzen der Segler die Remorqueur einspannt . . .

Rückenwindlandung Ist dann unvermeidlich, wenn der Pilot beim Windsack vorne und hinten verwechselt hat. Dafür bekommt er eine weniger interessante, aber doch recht spannende Besichtigung geboten: Schwebend und in voller Fahrt lernt er die Landebahn in ihrer ganzen beeindruckenden Länge kennen. Ausrollen oder -rutschen wird er meist im angrenzenden Kartoffelacker. Siehe auch Startverbot.

Rückholer Armer Segelflieger, der das Pech hat, an einem schönen Sommertag zu spät am Flugplatz zu erscheinen und alle Vereinsflugzeuge nur noch abfliegen sieht. Er hat dann die ehrenvolle Aufgabe, außengelandete (siehe Außenlandung) Segelflieger samt ihrem Flugzeug abzuholen. Da der Rückholer aber das Briefing meist nicht mitgemacht hat, soll es schon zu Fällen gekommen sein, in denen er mit seinem Fahrzeug und einem hinten dranhängenden Segelflugzeuganhänger zur Abholung des Außenlanders gestartet ist und das Segelflugzeug auf dem Acker dann auseinandergelegt hat. Als endlich Teile des Flugzeuges verladebereit waren und die Tür des Anhängers aufgemacht wurde, lag noch ein anderes Flugzeug in ihm.

Rückhol-Wettbewerb Beliebter Wettbewerb unter den Rückholer(innen). Folgende Kriterien führen zu Punkten: Erster und letzter Ab-

Robin Remorqueur

Rückholer

saufer, weitester Absaufer, schnellster Schnitt bei der Hinfahrt, langsamster Schnitt beim Rücktransport des Seglers. Eine Sonderprämie gibt es für die dümmste Ausrede des Piloten, warum er abgesoffen ist.

Rückseitenwetter

Mit diesem Wort kriegen Sie Ihre(n) segelfliegende(n) Lebenspartner(in) selbst morgens um vier mit einem Satz aus dem Bett: Gehen Sie ans Fenster, ziehen Sie die Rolläden hoch oder schieben Sie den Vorhang zur Seite, und rufen Sie, Blick an den Himmel: »Rückseitenwetter«.

S

Saufen

Begriff, der zwei unterschiedliche Bedeutungen hat: Zum einen ist mit (Ab-)Saufen ein thermikloser, nur von der Schwerkraft geprägter Zustand gemeint, der ein Segelflugzeug gnadenlos gen Boden schickt, wenn sich nicht ein Aufwind erbarmt, das Flugzeug wieder in erfreuliche Höhen zu heben. Zum anderen meint Saufen . . . na ja, Sie wissen schon.

Scheinlot

(Nicht scheintot). So nennt man den Pfeil, der die Kraft darstellt, die den Piloten auch in der Kurve in den Sitz zieht – wenn er sauber fliegt. Wichtig ist das Scheinlot bei den Airlinern, weil dort während des Fluges Kaffee serviert wird, der gefälligst in den Tassen der Passagiere zu bleiben hat. Bei Segelfliegern spielt das Scheinlot nur bei der Theorieprüfung eine Rolle, denn: Segelflieger trinken ihren Kaffee nur in der Fliegerkneipe.

Schieben

Ein Segelflugzeug schiebt, wenn es den Piloten nicht als Autorität anerkennt und partout in eine andere Richtung fliegen will, als der Pilot es wünscht. Es entsteht dann der Zustand, daß das Flugzeug nach rechts oder links schaut, aber bockend und brummend geradeaus weiterfliegt.

Schleppflug

Verbindung zweier unterschiedlicher Flugzeuge. Meist wird dabei vorne eine Motormaschine angebunden. Das andere Ende des Seils ist für ein Segelflugzeug reserviert. Sollte es andersherum vorkommen, ist etwas falsch gemacht worden. In diesem Fall ist der Flugleiter gefordert, den Zustand der Piloten zu überprüfen.

Schlepp-Pilot

Muß nicht so herausgedeutet werden wie der Windenfahrer (siehe dort), da gibt es mehr Freiwillige. Grob lassen sich Schlepp-Piloten in vier Typen einordnen:
a) Der fluggeile Stundenschrubber: Er entfernt sich nie weiter als zehn Meter von der Schleppmaschine und behält dabei aus den Augenwinkeln den Platz im Blick, ob nicht einer gerade aufbaut und geschleppt werden könnte.
b) Der Weltkrieg-II-Jagdflieger: Er hat schütteres Haar, ist im Vereinsvorstand, Gründungsmitglied und hat bei der »Waffe« fliegen gelernt. Kurven fliegt er immer mit mindestens 60 Grad Schräglage. Insgeheim bedauert er, daß die neue Schleppmaschine eine Seileinzugs-Vorrichtung hat – denn früher konnte er immer spektakulär den Strick über dem Platz abwerfen und anschließend eine extrem verkürzte Platzrunde fliegen.
c) Der gemütliche Familienvater: Er schaut alle zwei, drei Wochen mal am Flugplatz vorbei, klopft Sprüche, macht

Schleppflug

den einen oder anderen Gastflug und schleppt auch – nicht immer an die richtigen Wolken, aber Hauptsache, diese ewig nörgelnden Segelflieger sind in der Luft. Er wird meist abgelöst von einem der beiden unter a) und b) beschriebenen Typen.
d) Der Segelflieger: Nur widerwillig, wenn wirklich kein anderer da ist, setzt er sich in die Benzinkutsche, um seinen besten Freund in die Luft zu bringen. Er schleppt ihn an die schönste Wolke, hat dann aber auch schon genug. Nach der Landung rollt er schnell die Schleppmaschine an die Seite und stellt den Motor ab.

Schleppseil

Langes Tau aus Hanf, Metall oder Plastik, das vordergründig dazu erfunden wurde, am Boden herumstehende Vereinsmitglieder oder Mechaniker aus der Luft zu bombardieren. Es soll auch schon geschehen sein, daß das Schleppseil zum Schleppen von Segelflugzeugen hinter Schleppmaschinen benutzt wurde.

Schnupperflug

Nur Uneingeweihte halten einen Schnupperflug für einen Flug eines Interessierten, der mal in diese Sportart hineinschnuppern will. In Wirklichkeit ist ein Schnupperflug ein Flug eines potentiellen Flugschülers, bei dem der Flug-Erstling von dem mitfliegenden Fluglehrer so durchgeschaukelt wird, daß die Verdauungsorgane den Rückwärtsgang einlegen. Da das Flugzeug anschließend nicht mehr so gut riecht, heißt dieser Flug Schnupperflug.

Schwamm oder Seife

Jedem Segelflug-Schüler bestens bekannte Utensilien, die unter der fachkundigen Anleitung des Werkstattleiters (siehe dort) bis zum Exzeß benutzt werden. Bei stoffbe-

Schleppseil

spannten Flugzeugen sollen schon Fälle vorgekommen sein, bei denen die Bespannung weggeputzt wurde.

Schwerkraft Physikalische Größe, deren Aufgabe es ist, einen Segelflieger wieder auf den Boden der Tatsachen zu bringen.

Sechsmeterbart Nicht das graue Gebüsch, das ein Säulenheiliger am Kinn trägt. Der Sechsmeterbart gehört zur Rubrik »Fliegerlatinum« (siehe dort).

Segelohren Nicht zu verwechseln mit den nach oben stehenden Tragflächenenden bei einem Flugzeug. Die werden Seglerohren oder Winglets genannt. Segelohren sind eher menschlich-organischer Natur und haben wenig Einfluß auf die Aerodynamik des Flugzeuges.

Seilriß Adrenalinausstoß erhöhender Zwischenfall beim Windenstart. Merkt der Pilot rechtzeitig, was los ist, und reagiert er richtig, freut sich der Kassenwart des Vereins. Reagiert der Pilot falsch, freut sich der Werkstattleiter (siehe dort), da er seinen Leuten mal wieder zeigen kann, wie man einen Bruch fachmännisch repariert.

Sicherheit Fliegen ist die sicherste Art der Fortbewegung, sagt die Statistik und hat damit recht. Denn zumindest eins ist sicher: Oben geblieben ist noch keiner.

Slip 1. Nein, es ist nicht das, was Sie jetzt denken. Der Slip ist ein Seitengleitflug, bei dem der Pilot Quer- und Seitenruder kreuzt, was alte Hasen als unschön ansehen. Strafe muß sein: Es geht dann abwärts – kontrolliert zwar, aber unauf-

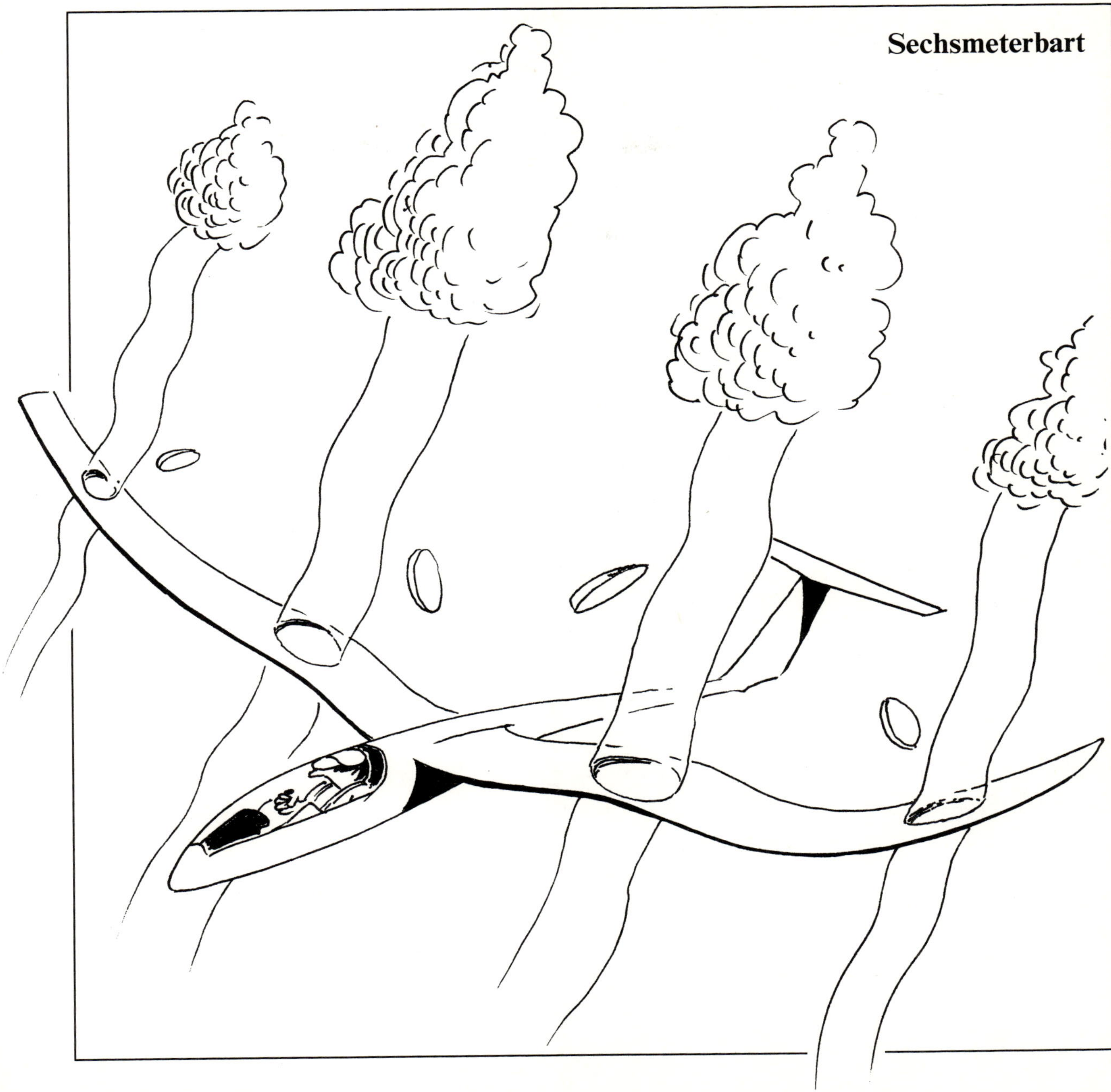
Sechsmeterbart

Sollbruchstelle

haltsam.
2. Mit der Bezeichnung eines beinlosen Unterhöschens wird in der Fliegersprache ein Seitengleitflug bezeichnet, der Passagieren so schlimm vorkommt, daß sie nach dem Flug häufig den Slip wechseln müssen.

Sollbruchstelle

Stelle an einem Schleppseil, die theoretisch so dünn ist, daß sie bei einer etwaigen Überbelastung zuerst bricht. In der Praxis reißt ein Schleppseil überall, nur nicht an der Sollbruchstelle.

Sollfahrt

Geschwindigkeit, die ein Segelflugzeug bei einer bestimmten Konfiguration haben soll. Ganz einfach zu errechnen mit der Formel: Mittleres Steigen minus Luftdruck mal der Länge des Bartes, geteilt durch wahre Geschwindigkeit mal Widerstandsbeiwert unter Berücksichtigung des Pilotengewichts. Piloten, die diese Formel nicht beherrschen, lesen die Sollfahrt vom Sollfahrtgeber ab.

Spannweite

Je besser ein Flugzeug gleiten soll, um so größer muß die Spannweite sein. Früher begrenzten die zur Verfügung stehenden schwachen Materialien die Spannweiten der Segelflugzeuge auf ein natürliches Maß. Heute wird die Spannweite nur durch die Breite der Hallentore begrenzt. Doch gibt es einige sehr pfiffige Wettbewerbspiloten, die selbst die Hallentore austricksen: Sie schieben das Flugzeug mit der Riesen-Spannweite einfach quer in die Halle.

Spitzname

Name, den jeder Segelflieger bekommt, bevor er sich überhaupt frei auf dem Flugplatz bewegen darf. Je nach Verhalten und Erscheinungsbild heißt der Neue dann Schreihals-

Karl, Kotze-Peter, Knüppel-Kunze, Panzerfuß (wegen seiner Schuhgröße 46), Trapper, Hohlblock oder Wasserleiche. Frauen bekommen selten einen Spitznamen verpaßt.

Spleiß — Von Haarzöpfen abgeguckte Technik, ein gerissenes Seil wieder so zu verknoten, daß es an dieser Stelle nie mehr reißt. Es reißt nur noch an anderen Stellen, und die sind reichlich vorhanden.

Sportzeuge — Integre Person (Vereinsvorstand), die bezeugt, daß der angemeldete Überlandflug auch tatsächlich und nicht im Fotolabor stattgefunden hat. Siehe Wendepunktfoto.

Stall — Unschöne Bezeichnung für Flugzeughalle. Fliegt man ein Flugzeug zu langsam, dann ist es beleidigt. Es will dann in den Stall und trudelt der Halle entgegen.

Startleiter — Schreihals, der meist ein Funkgerät um den Hals hängen hat. Seine Aufgaben: Den Start organisieren, den einsamen Windenfahrer über ebendieses Funkgerät bei Laune zu halten, Fremde und Hunde vom Startplatz zu verjagen. Bei Fremden klappt das, bei Hunden nie.

Startschreiber(in) — Wichtigste Person am Segelflugplatz, denn sie ist indirekt für die Belastung der Fluggeld-Konten verantwortlich – sie schreibt die Start-, Schlepp- und Landezeiten auf, nach denen der Schatzmeister den Mitgliedern in die Tasche langt. Sie ist meist eine Frau (die können besser rechnen) und wird durch den Startwagen, in dem sie sitzt, vor Beeinflussungs-Versuchen geschützt.

Sportzeuge

Steuerhorn

Startstelle — Geheiligter Bezirk eines jeden Flugplatzes. Hier werden die Flugzeuge startklar gemacht. Umschlagplatz für Fliegerlatein aller Art (der Stammtisch wird erst am Abend oder bei Regenwetter geöffnet). Die Oberaufsicht hat der Startleiter.

Startverbot — Harte, aber meist gerechte Strafe für Luft-Rüpel. Sie wird nach Laune des Fluglehrers und Gefährlichkeit des beanstandeten Flugmanövers berechnet. Rechnungseinheit in Tagen. Der Betroffene (es sind meist Männer) darf dann zwar am frühen Morgen starten, aber nur mit seinem Auto zum Flugplatz. Dort darf er den anderen beim Starten helfen und die freien Flugzeuge am Boden bewachen.

Startwagen — Ehemaliger Gemüse- oder (im Norden) Fisch-Verkaufswagen, in dem die Startschreiberin residiert.

Staurohr — Sehr vulgärer Ausdruck für einen Körperteil eines männlichen Segelfliegers, der nach einem Streckenflug mit gefüllter Blase zurückkehrt.

Steuerdruck — Last, die ungerechterweise auf den Segelflugvereinen ruht, seit die Benzinsteuer auch für die Schleppmaschinen bezahlt werden muß.

Steuerhorn — Siehe Steuerknüppel.

Steuerknüppel — Stock im Flugzeug-Cockpit, mit dem die Maschine gesteuert wird. Unter Segelfliegern gilt der Knüppel als die einzige Möglichkeit, ein Flugzeug zu steuern. Andere Steuerorgane, wie zum Beispiel das Steuerhorn, werden strikt abgelehnt. Ein Flugzeug ohne Knüppel ist eben kein Flugzeug. Die Konstrukteure des Airbus A 320 scheinen das erkannt zu haben oder sind Segelflieger. Denn der A 320, das modernste Verkehrsflugzeug der Welt, fliegt mit einem Steuerknüppel.

Steuerkurs Seminar mit Prüfung, bei dem die Kassenwarte lernen, Einnahmen von Flugtagen am Finanzamt vorbeizuschmuggeln.

Steuerseil Gängelband des Finanzamtes, an dem die meisten Luftsportvereine gehalten werden.

Stier Vierbeiniges sehr kräftiges Tier, das sich dazu berufen fühlt, die Kühe auf den Weiden vor den Segelfliegern zu schützen. Den Stier erkennt man daran, daß er dem ausrollenden Flugzeug des Besuchers mit gesenktem Kopf hinterhertrabt und ihm beim Abrüsten (Abbauen) seines Fliegers hilft.

Streckenflug Theorie: Man setzt sich in ein Segelflugzeug, läßt sich auf Höhe schleppen, findet sofort eine Thermik, schraubt sich auf X-tausend Meter hoch und trifft sich nach einem guten Flug mit dem Rückholer auf einem mindestens 600 Kilometer entfernten Segelfluggelände.

Praxis: Man kommt zu spät an den Platz, bekommt nur unter großen Mühen die älteste Krücke, wird in ein absolut thermikloses Gebiet geschleppt, landet zwei Kilometer vom Flugplatz entfernt und wird erst nach fünf Stunden abgeholt.

Steuerseil

Superorchidee

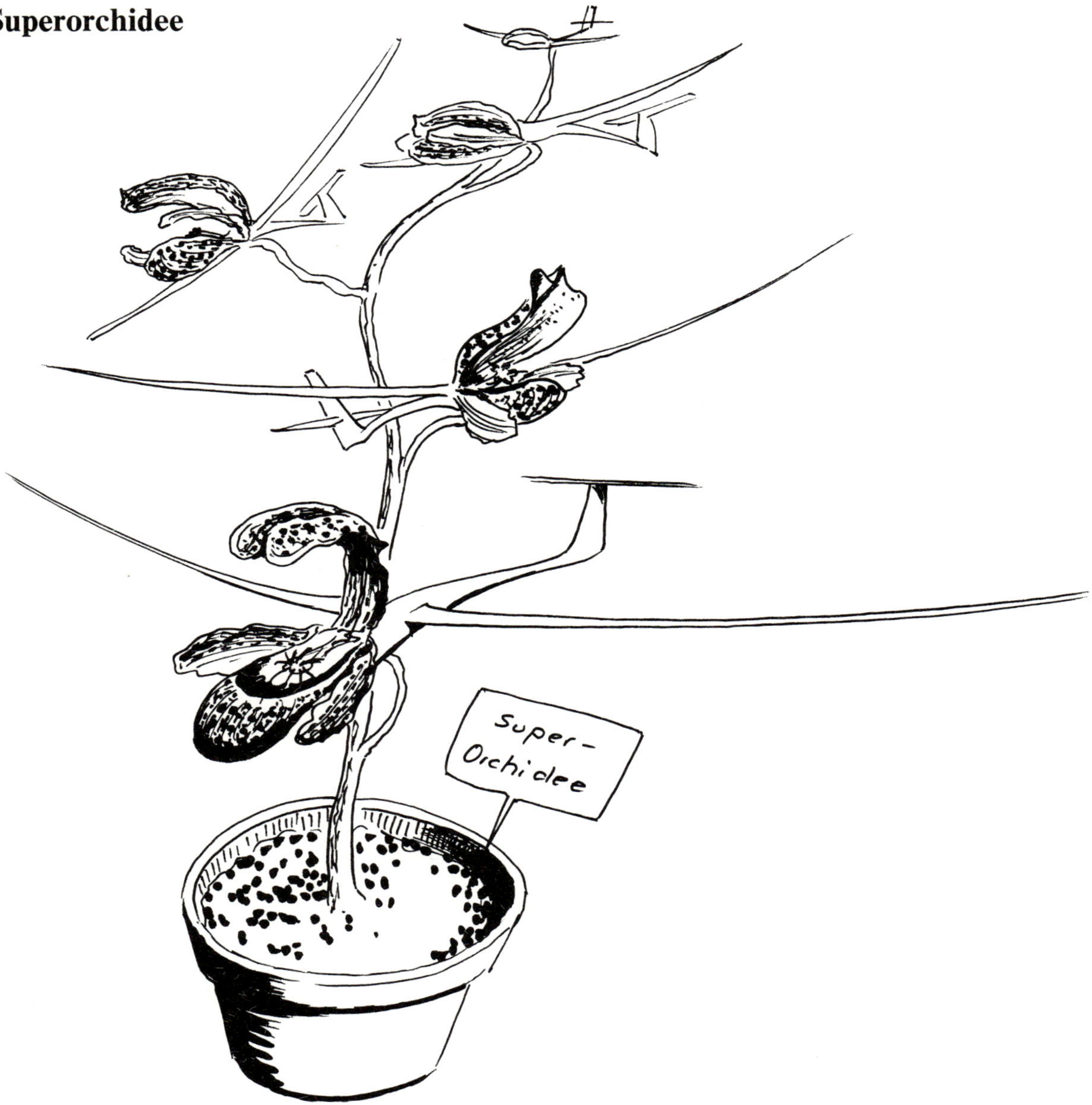

Superorchidee

Die Superorchidee ist eine gar nicht mal so selten vorkommende Wunderblume, die man benötigt, um Rekorde oder Diamanten zu ernten. Sie gedeiht am besten, wenn man sie mindestens zweimal im Jahr mit Bitterwasser begießt.

T

Tankanzeige

Das erste, was Motorflieger suchen, wenn sie in einem Segelflugzeug Platz genommen haben. Es gibt sie in Segelflugzeugen nicht – wohl aber in Motorseglern. Dort wird sie manchmal gern zum russischen Roulette verwendet. Coole Segelflieger, die gelegentlich mit Motor unterwegs sind, ignorieren sie, nach dem Motto: Mir kann nichts passieren, ich kann ja kurbeln.

Tanks

Segelflugzeuge haben Tanks. Die werden mit Wasser gefüllt und dienen der Gewichtszunahme, damit die Segler schneller gleiten. So die gängige These. In Wirklichkeit dienen die Wassertanks dem Ausgleich der Minderwertigkeitsgefühle, die manche Segelflieger gegenüber Jet-Piloten haben. Mit dem Wasser, in der Luft abgelassen, lassen sich beim Zielüberflug nämlich Kondensstreifen an den Himmel malen, die jeden Jetpiloten vor Neid grün werden lassen.

Taxiways

Doch, es gibt sie auf Segelflugplätzen: Auf diesen Rollwegen, die oft besser in Schuß sind als die Landebahn selbst, rollen nur selten Flugzeuge – dort rumpelt der Seilrückholwagen über den Platz. Aus dieser Ecke entwickelte sich fol-

Transponder

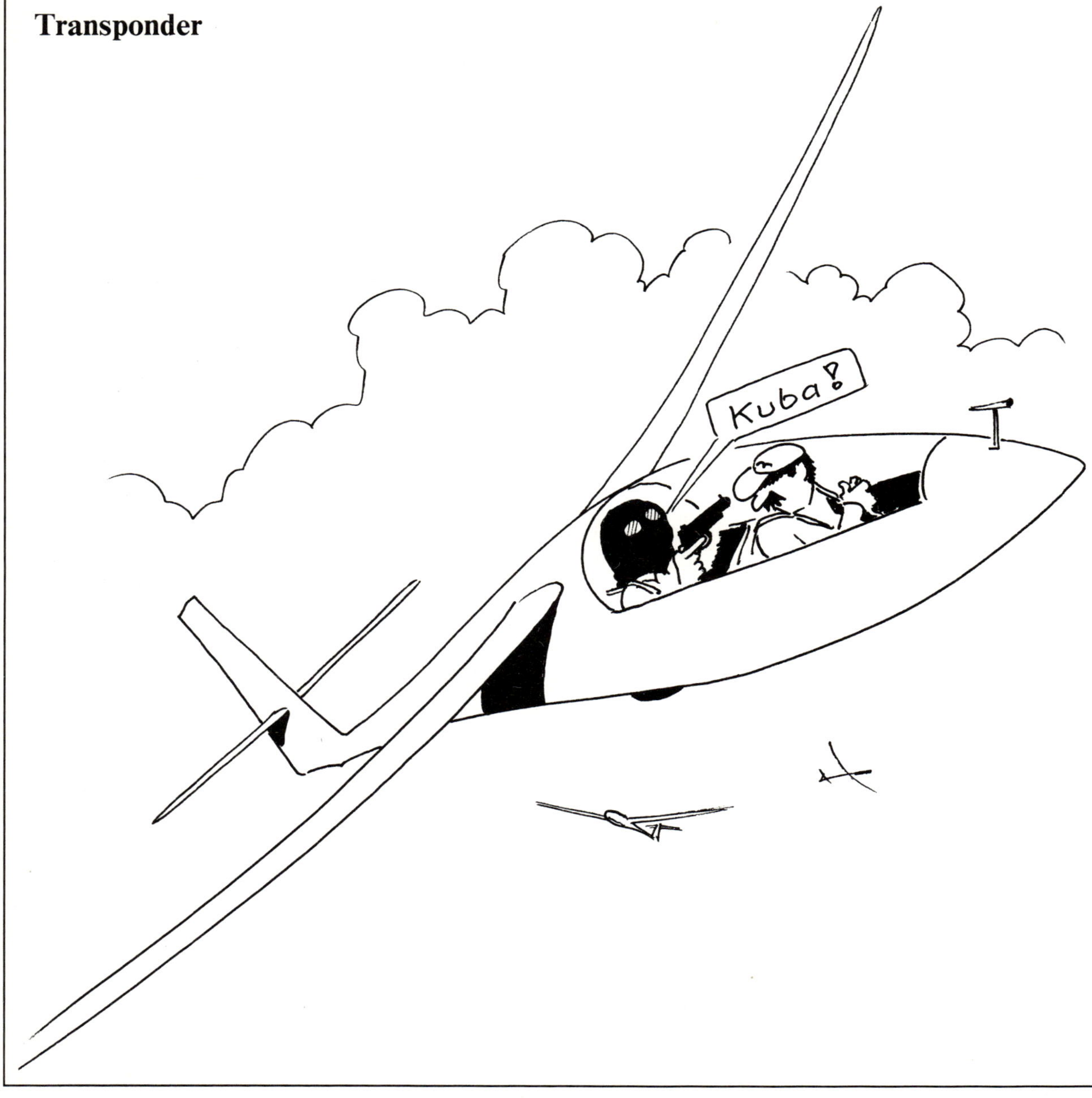

gende Vorstellung bei Laien über Taxiways: Es seien, so die Laien-Gedanken, besondere Fahrspuren auf Verkehrsflughäfen, die Taxis vorbehalten sind, die ganz schnell einen Passagier zu einem Jet bringen müssen, der schon fauchend am Starthaltepunkt steht.

Theorie

1. Theorie: Alles Wissenswerte, was der Flugschüler braucht, um fliegen zu können.
2. Praxis: Alles unnötiger Wissensballast, der spätestens dann abgeworfen wird, wenn der Schüler zusammen mit dem Fluglehrer (siehe dort) im Flugzeug sitzt. Die Theorie ist in der Praxis nur dazu da, die theoretische Prüfung zu bestehen.

Thermikblase

Besonders dehnfähige Blase, die Piloten beiderlei Geschlechts nach langer Übung in die Lage versetzt, den ganzen Tag in der Thermik zu kurbeln, im Gegensatz zu Tennisarm (Tennis) oder Plattnase (Boxen) ist die Thermikblase (Segelfliegen) erwünscht.

Thermikbrille

Sonnenbrille, wird in Flugbedarfsläden nur unter dem Ladentisch gehandelt und ist ständig ausverkauft. Sie ist bei Wettbewerben genauso verboten wie das Höhenruder (siehe dort).

Toilette

Diesen Luxus kennen Segelflieger in ihren Flugzeugen nicht. Das Ergebnis: siehe Staurohr.

Touch and go

Kurzes erotisches Abenteuer, das Motorflugzeug-Piloten vorbehalten ist.

Tower Pflanzenloses Treibhaus, mehrere Meter über dem Erdboden gebaut. Jeder Verein, der was auf sich hält, baut sich neben das Vereinsheim einen Tower, denn der beeindruckt die Zuschauer. Benutzt wird der Tower nie: Im Winter ist es dort zu kalt, im Sommer ist es im Tower zu heiß.

Transponder Der Transponder ist ein bestimmtes Funkgerät, das für Segelflugzeuge viel zu groß und für Luftsportvereine viel zu teuer ist. Trotzdem fordern kompetente Leute immer wieder vehement, daß alle Segelflugzeuge damit ausgerüstet werden sollen. Denn mit Hilfe eines bestimmten Transpondercodes kann der Segelflugzeug-Pilot unbemerkt den Lotsen am Radarschirm mitteilen, daß sein Flugzeug entführt wurde.

Trimmen Damit Segelflieger fit bleiben, verfügen die meisten Segelflugzeuge über eine Trimmvorrichtung. Durch Strampeln auf dem Trimmrad werden die Beinmuskeln gestählt, durch Heben des Trimmgewichtes die Arm- und Bauchmuskeln. Und wem das nicht reicht, der kann versuchen, mit dem Trimmruder seine Muskeln zu erweitern.

Trudeln Flugfigur, die unter die Rubrik »Kunstflug« (siehe dort) fällt. Ist sie beabsichtigt, weiß der Pilot in der Regel, wie er die Normalfluglage wieder einnehmen kann. Ist das Trudeln unbeabsichtigt, hilft die Erde immer, diesen Flugzustand zu beenden.

Trudeln

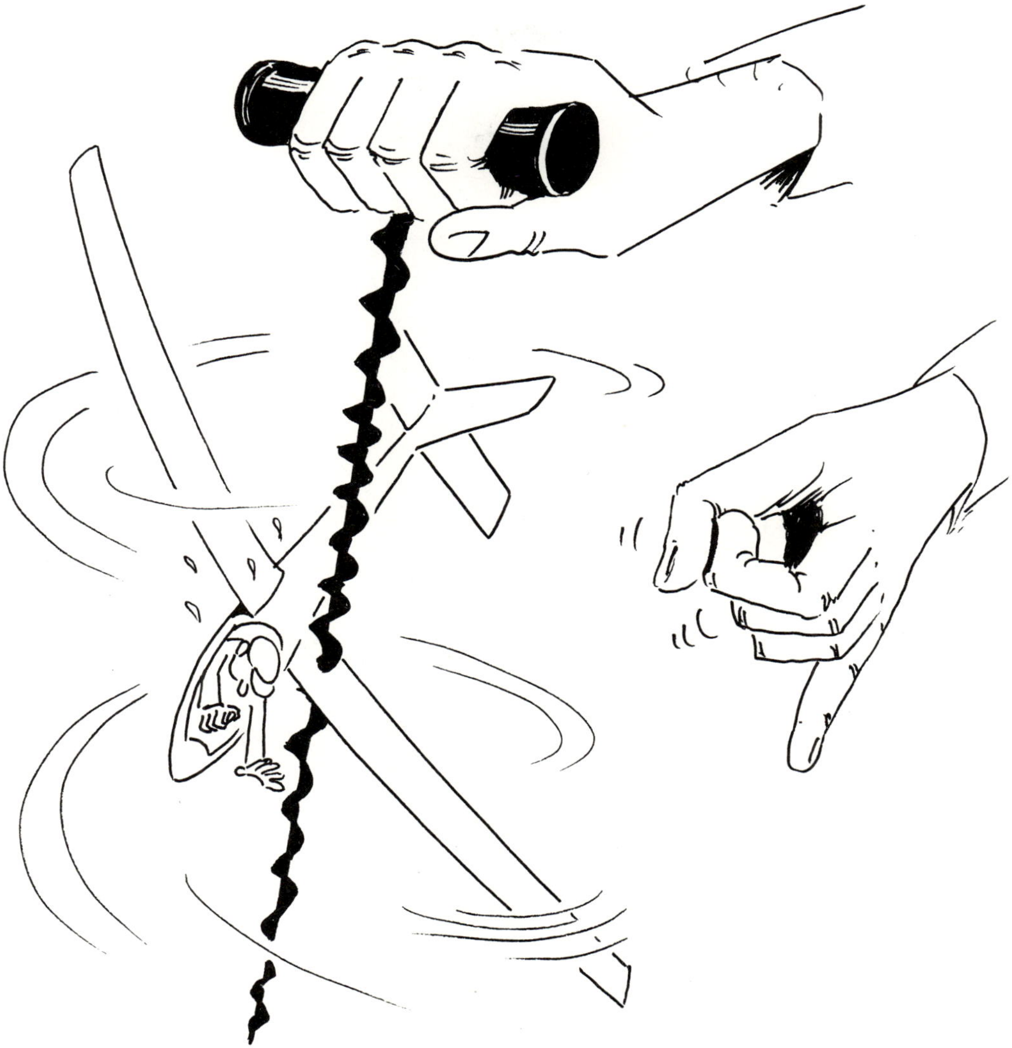

ULF

U

Überschall Segelflieger können nicht mit Überschallgeschwindigkeit fliegen, trotzdem ist ihnen Überschall nicht unbekannt. Der Überschall entsteht abends in der Fliegerkneipe, wenn alle gleichzeitig reden, wobei sich bei manchem die Stimme überschlägt.

ULF (Ultraleichtes Flugzeug), extremes Sparflugzeug. Da der Konstrukteur selbst die Schleppkupplung eingespart hat, muß der Pilot seine Beine durch zwei Löcher am Boden strecken und beim Start rennen.

Umschlagpunkt Segelflieger kennen zwei Umschlagpunkte: Einer befindet sich auf der Tragfläche des Flugzeuges und ist eigentlich kein Punkt, sondern die Linie, ab der die laminare Strömung turbulent wird. Der andere Umschlagpunkt ist auch kein Punkt, sondern ein Möbelstück namens Theke. Wenn von der Thekenrückseite genug Bier strömt, kann es auf der Vorderseite auch schon mal recht turbulent werden.

Unterdruck Unterdruck bringt manchen Fahrtmesser in Fahrt. Oft auch den Piloten – wenn er nach einem langen Flug ohne Toilette unter-Druck steht.

V

Variometer Instrument, das anzeigt, ob das Flugzeug steigt oder sinkt. Oft sind die Variometer mit einem akustischen Signal gekoppelt: Sinkt das Segelflugzeug, gibt das Vario einen betrübt-tiefen Ton von sich, steigt der Segler, hört der Pilot einen fröhlich-pfeifenden Ton. Knallt es aus dem Vario, ist das Segelflugzeug aus seiner Aufhängung unter der Hallendecke gefallen.

Vereinsleiter

Besteht aus der Werkstattleiter, der Jugendleiter, der technischen Leiter und weiteren Leitern wie der Strickleiter (dient zum Abseilen). Die/der Werkstattleiter ist aus hartem Holz und wird oft gebraucht. Der Jugendleiter versucht ständig, ein Stück der Vereinsleiter zu werden. Das Problem: Das junge, noch biegsame Holz der Jugendleiter verwächst sehr schlecht mit dem alten, knorrigen Holz der Vereinsleiter.

Verzichtserklärung

Juristisch ausgeklügeltes Schriftstück, das jeder Mitflieger vor dem Besteigen des Flugzeuges unterschreiben muß. Damit verzichtet er darauf, im Falle eines Falles, der buckligen Verwandtschaft seine Häuser, Aktien und Goldbarren zu vererben. Der Schatz wandert diskret auf die Konten des Segelflug-Clubs, der sich davon eine neue Schleppmaschine kaufen kann.

VOR

Funknavigations-Anlage, die den nach Segelflieger-Ansicht mindestens halbblinden Motorfliegern hilft, von A nach B und wieder zurückzukommen, ohne in der DDR zur Landung gezwungen zu werden. VOR-Anzeigegeräte sieht man in letzter Zeit, wenn auch nur vereinzelt, auch in Segelflugzeugen.

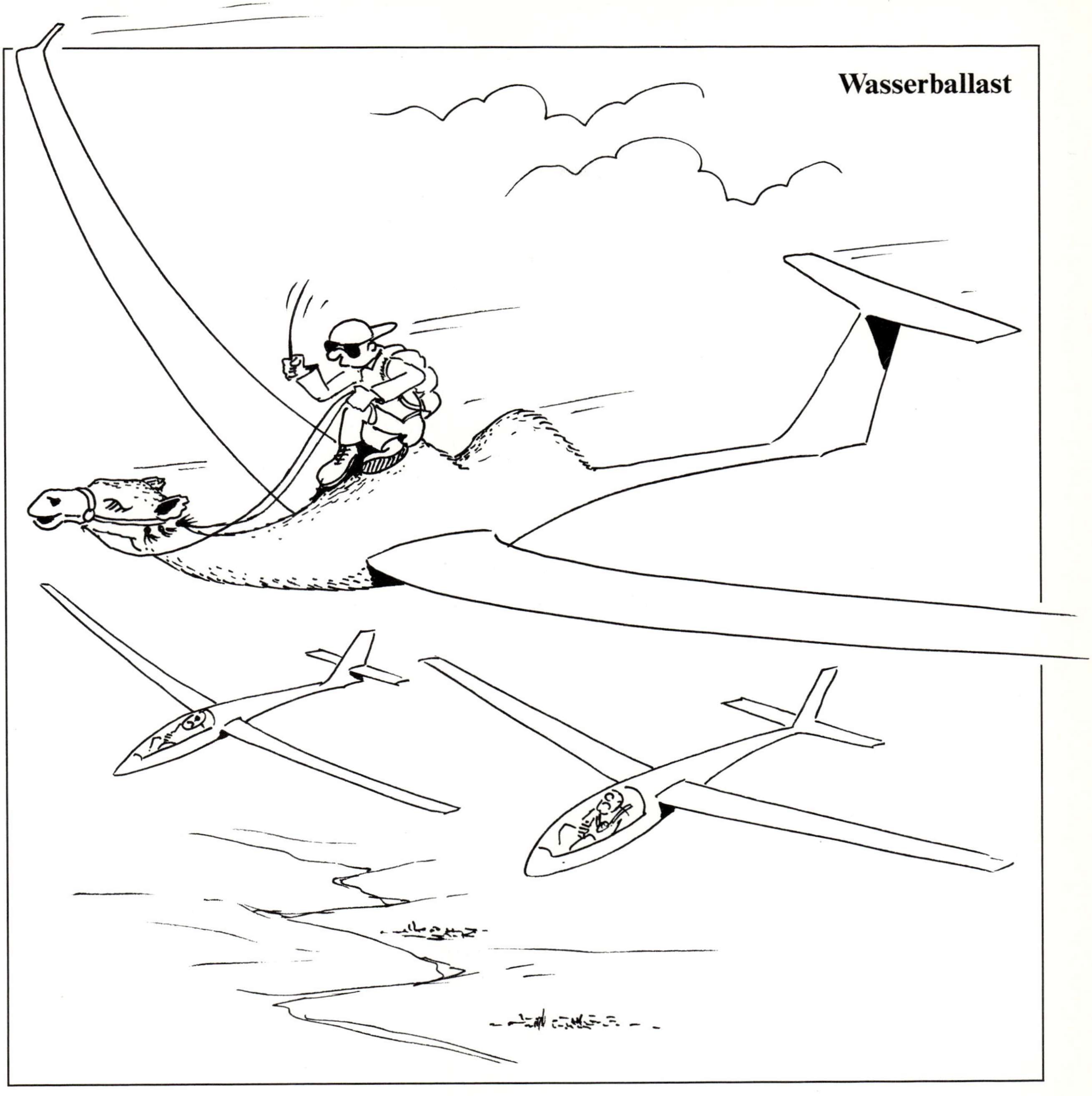

Wasserballast

Wasserkuppe

W

Wasserballast

Auch Segelflugzeuge benötigen Flüssigkeit zum Fliegen: Wasser. Wer in einem Wettbewerb an der Spitze mitgleiten will, kommt ohne diesen Treibstoff nicht aus. Offiziell wird zwar behauptet, der Wasserballast diene dazu, die Flächenbelastung der Flugzeuge zu erhöhen, aber Insider wissen, daß das Wasser nur mitgeführt wird, um es beim Ablassen des Streß-Schweißes aus der Kabine am Ende des strapaziösen Wettbewerbes mit den Körperausdünstungen zu vermengen.

Wasserkuppe

Absolutes Heiligtum der Segelflieger. Wer nicht mindestens einmal in seinem Leben auf dem Rhönberg war, kann kein vollwertiger Segelflieger sein. Auf der Wasserkuppe übten anno dazumal die Pioniere des Segelfluges das Fliegen mit abenteuerlichen Konstruktionen. Die Flugzeuge, die das Üben überlebten, stehen heute im Segelflug-Museum. Auf der Wasserkuppe natürlich.

Welle

1) Formvollendete Erhebung in der Frisur des Flugplatz-Schönlings.
2) Weniger vollendete Erhebung in der Landebahn, die als Ausrede für schlechte Landungen herhalten muß.
3) Idiotensicherer Aufwind am Rande eines Gebirges, der grundsätzlich
a) werktags,
b) außerhalb der Urlaubszeit und
c) dann auftritt, wenn gerade der Partner fliegt.

Wendepunkt

Markanter Punkt in der Landschaft, an dem auf einen neuen Kurs gegangen werden muß. Der Punkt muß fotografiert werden (siehe auch Wendepunktfoto). Meist ist als Wendepunkt ein Schloß, ein besonders markanter Bauernhof oder ein Aussichtsturm festgelegt. Leute, die sich längere Zeit an einem Wendepunkt aufhalten, oder (meist schwerhörige) Schloßherren rufen, wenn sie mehrere Flugzeuge kreisen sehen, dann beim nächsten Flugplatz an und beschweren sich über den »unerträglichen Fluglärm« der lautlosen Segler.

Wendepunktfoto

1. Das Wendepunktfoto ist eine Aufnahme, die beweisen soll, daß ein Wettbewerbspilot die ihm gestellte Aufgabe auch wirklich geflogen ist und sich nicht für die Dauer des Wettbewerbs in irgendeiner Wolke versteckt hat. Probleme mit dem Wendepunktfoto gibt es aber zum großen Ärger regelmäßig, weil
a) natürlich kein Film in der Kamera war,
b) der falsche Punkt fotografiert wurde,
c) vor lauter landschaftlicher Schönheit überhaupt nicht fotografiert wurde,
d) der segelfliegende Fotograf seine Autofokus-Kamera benutzt hat, die zwar automatisch scharfe Bilder von den Mücken und Fliegen auf der Haube liefert, aber dafür den Wendepunkt auf dem Foto nicht erkennen läßt.
2. Es gibt drei Arten, Wendepunktfotos zu erstellen:
a) Indem man den Wendepunkt tatsächlich umrundet.
b) Indem man um den Wendepunkt herum slipt, um ihn besser aufs Bild zu bekommen. Diese Künstler landen dann oft neben dem Wendepunkt.

Wendepunktfoto

Winde

c) Indem man moderne Labortechnik bemüht und sich den stressigen Flug erspart.

Wendezeiger

Der Wendezeiger ist kein aktuelles Politbarometer, wie mancherorts gerne behauptet wird, sondern ein Instrument, das anzeigt, in welche Richtung das Flugzeug gerade torkelt.

Werkstattleiter

Alter Segelflugzeug-Fuchs, dem kein Staubkorn entgeht. Wenn der befiehlt, ein Flugzeug soll geputzt werden, dann muß es nicht nur sauber, sondern rein sein. Auf den Ruf: »Bring mal die Werkstattleiter!« soll allerdings nicht der Mensch, sondern das Steiggerät hergebracht werden.

Winde

Großer, geländegängiger Lastwagen, mit zwei Motoren und zwei riesigen Windentrommeln, auf denen jeweils rund 1000 Meter Stahlseil gewickelt sind. Wurde ursprünglich für den Einsatz in der Sahara konstruiert. Die langen Seile brauchte man, um den nächsten Baum in einer kilometerweit entfernten Oase zu erreichen, wenn der Lastwagen sich im Sand eingegraben hatte und mittels der Seile wieder aus dem Dreck gezogen werden sollte.

Windenfahrer

Tagesverlierer, der am anderen Ende des Flugplatzes einsam auf der Winde hockt. Wie er dort hinkommt? Nie durch einen Dienstplan; so etwas vorbildliches existiert zwar, der Plan hängt aber nur wenig beachtet am Schwarzen Brett in der Fliegerkneipe. Es geht mehr nach der Methode: »Ene, mene muh, auf die Winde mußt du«. Da dies nur einmal funktioniert, weil der Verlierer danach den Trick kennt, wird eine zweite Methode öfter angewandt:

Die Flugwilligen schicken Gabi (die Flugschülerin mit den langen Haaren) vor und lassen sie zu dem Piloten, der eigentlich fliegen will, aber gleich Windenfahrer sein wird, sagen: »Lieber . . .«, (Name nach Bedarf eintragen), »wir wollen schulen, und es ist kein anderer da, der die Winde bedienen kann. Könntest du uns und mir« (jetzt strahlt Gabi, fällt dann aber sofort wieder in einen traurigen Ausdruck zurück) »einen Riesengefallen tun und dich nur eine halbe Stunde auf die Winde setzen?« (jetzt beginnt Gabi erwartungsfroh ihr Opfer anzulächeln). Wer wird da nicht gerne Windenfahrer?

Windsack Nur Laien sprechen vom Windbeutel. Der Windsack hängt hoch über dem Ort, wo der Fliegerstammtisch nicht weit ist. Er ist rot/weiß markiert, damit auch ortsunkundige Flieger, zu Fuß, aus dem Auto oder aus der Luft, zuverlässig aus jeder Richtung den Weg in die Fliegerkneipe finden. Nur nebenbei zeigt der Windsack an, woher der Wind weht.

Wingtips Daran, daß der Pilot Wingtips statt Tragflächenspitzen sagt, erkennt der Laie den Fachmann. Daran, daß dieses Wort im falschen Zusammenhang gebracht wird, erkennt der Fachmann den Laien.

Wirbelschleppe Ausdruck für einen verlängerten Schleier beim Hochzeitskleid von Segelfliegerinnen.

Wolkenflug Gerne durchgeführte Art von Rundflug, die dazu geeignet ist, den Mitflieger zu beeindrucken oder ihn zur Benutzung der Kotztüte (siehe dort) zu zwingen. Beim Wolkenflug

Windenfahrer

Wollfaden

kommt der erfahrene Segelflieger nicht ins Schwitzen. Beim Gedanken an die erforderliche Genehmigung schon eher.

Wolkenstraße

Lineare Anordnung verschiedener Wolkenarten, unter denen ein Segelflieger mühelos und ohne Kurbeln Hunderte von Kilometern fliegen kann. Wolkenstraßen gibt es in der Realität leider nicht, sie stammen vielmehr aus der Rubrik »Fliegerlatein«.

Wollfaden

Trotz aller High-Tech im modernen Segelflug kann auf ein althergebrachtes Fluglage-Anzeige-Instrument nicht verzichtet werden: Den Wollfaden, der, meist rot, vorne auf der Plexiglashaube sitzt und sehr zuverlässig die Strömung anzeigt. Der immer wieder gehörten Behauptung, der Wollfaden soll die Piloten an ihre unten wartenden Frauen erinnern, muß hier auf das heftigste widersprochen werden.

Wright, Wilbur und Orville

Weil die Amerikaner keine so guten Segelflugzeuge bauen konnten wie die Europäer, mußten sie an ihre klobigen Vögel Motoren anschrauben. Die ersten Frevler, die dies taten, waren die Gebrüder Wright und der deutschstämmige Gustav Weißkopf. Wer als erster knatternd die Fluglärm-Diskussion entfachte, ist heute nicht mehr so sicher.

Z

Zeit

Obwohl Fliegen eine der schnellsten menschlichen Fortbewegungsarten ist, benötigt man speziell zum Segelfliegen viel viel Zeit. Zuerst will das Flugzeug aus Halle oder Hänger geholt werden, dann muß es aufgebaut werden, und zu guter Letzt muß sich der Pilot in der langen Schlange der wartenden Segelflugzeuge am Startpunkt anstellen. Ist er dann endlich an der Reihe, gibt es oft keine Thermik mehr.

Zelle Raum, in dem ein Pilot sein fliegendes Dasein fristet. Kann bei Segelflugzeugen aus CfK, GfK, Sperrholz, Metall oder einer Mischung aus den Materialien bestehen.

Ziellinie Linie, die Segelflieger ansteuern. Tagsüber, bei Überlandflügen, ist die Ziellinie ein meist weißes Band am Flugplatz, am Abend ist diese Linie ein Möbelstück namens Theke, das in der Fliegerkneipe steht.

Zielrückkehrflug Der absolut unmögliche Flugweg im Segelflug, der ein Segelflugzeug nach Abfliegen einer bestimmten Strecke mit Hilfe von Wendepunkten (siehe dort) zum Ausgangsfluggelände zurückführt. Zwei Eigenarten verhindern den Zielrückkehrflug dauernd: Erstens: das Segelflugzeug säuft ab und macht eine Außenlandung (siehe dort). Zweitens: wenn die Höhe zu einer Zielrückkehr ausreicht, findet der Pilot garantiert den Platz nicht.

Zulassung Zulassung ist ein Wort, mit dem man die meisten Flugzeugkonstrukteure auf die Palme bringen kann. Teile oder Materialien, die sich auf anderen Gebieten schon seit Jahren bewährt haben, müssen in der Luftfahrt grundsätzlich neu berechnet, geprüft und erprobt werden. Deutsche Segelflugzeuge könnten die Hälfte kosten, wenn sie nicht zugelassen werden müßten.

Zielrückkehrflug

Zündschlüssel	Bei den Motorfliegern dient er dazu, kleine Mädchen zu beeindrucken. Das führt immer, egal wie es ausgeht, zu einem Schlüsselerlebnis. Segelflieger sind da etwas im Nachteil. Aber statt eines Zündschlüssels haben sie die besseren Sprüche drauf.
Zuschauer	Sensationslüsterne Meute von Sonntagsspaziergängern, die gerne am Flugplatz herumlungern. Obwohl sie wissen, daß Fliegen mit die sicherste Sportart ist, hoffen sie regelmäßig darauf, daß ein Segelflieger auf die Nase fällt.
Zwist, Gottfried Ephraim von	Erfinder der Wettbewerbsregeln für Segelflugwettbewerbe. Hatte auch den Beinamen »der Uneine«.

TOMUS-Bücher machen Spaß

Fröh·li·che Wör·ter·bü·cher von A bis Z

ISBN 3–8231–0135–8

ISBN 3–8231–0543–4

ISBN 3–8231–0126–9

ISBN 3–8231–0176–5

ISBN 3–8231–0166–8

ISBN 3–8231–0139–0

ISBN 3–8231–0116–1

ISBN 3–8231–0173–0

ISBN 3–8231–0177–3

ISBN 3–8231–0105–6

ISBN 3–8231–0138–2

ISBN 3–8231–0136–6

TOMUS-Bücher machen Spaß

ISBN 3–8231–0159–5

ISBN 3–8231–0179–X

ISBN 3–8231–0110–2

ISBN 3–8231–0162–5

ISBN 3–8231–0181–1*

ISBN 3–8231–0545–0*

ISBN 3–8231–0101–3

ISBN 3–8231–0120–X

ISBN 3–8231–0137–4

ISBN 3–8231–0121–8

ISBN 3–8231–0152–8

ISBN 3–8231–0157–9

ISBN 3–8231–0122–6

ISBN 3–8231–0144–7

ISBN 3–8231–0114–5

ISBN 3–8231–0113–7

TOMUS-Bücher machen Spaß

ISBN 3–8231–0541–8

ISBN 3–8231–0554–2

Fröh·li·che Wör·ter·bü·cher von A bis Z

ISBN 3–8231–0107–2

ISBN 3–8231–0128–5

ISBN 3–8231–0112–9

ISBN 3–8231–0542–6

ISBN 3–8231–0149–8

ISBN 3-8231-0546-9*

ISBN 3–8231–0147–1

TOMUS-Bücher machen Spaß

ISBN 3–8231–0167–6

ISBN 3–8231–0540–X

ISBN 3–8231–0129–3

ISBN 3–8231–0143–9

ISBN 3–8231–0168–4

ISBN 3–8231–0119–6

TOMUS-Bücher machen Spaß

ISBN 3–8231–0123–4

ISBN 3–8231–0134–X

ISBN 3–8231–0154–4

ISBN 3–8231–0163–3

ISBN 3–8231–0164–1

ISBN 3–8231–0169–2

ISBN 3–8231–0170–6

Fröh·li·che Wör·ter·bü·cher von A bis Z

ISBN 3–8231–0124–2

ISBN 3–8231–0140–4

ISBN 3–8231–0117–X

ISBN 3–8231–0171–4

ISBN 3–8231–0156–0

ISBN 3–8231–0109–9

ISBN 3–8231–0175–7

TOMUS-Bücher machen Spaß

ISBN 3–8231–0172–2

ISBN 3–8231–0111–0

ISBN 3–8231–0151–X

ISBN 3–8231–0130–7

ISBN 3–8231–0158–7

ISBN 3–8231–0125–0

ISBN 3–8231–0131–5

ISBN 3–8231–0530–2

ISBN 3–8231–0531–0

TOMUS-Bücher machen Spaß

ISBN 3–8231–0141–2

ISBN 3–8231–0150–1

ISBN 3–8231–0145–5

ISBN 3–8231–0146–3

Fröh·li·che Wör·ter·bü·cher von A bis Z

ISBN 3–8231–0115–3

ISBN 3-8231-0178-1

ISBN 3–8231–0118–8

ISBN 3–8231–0103–X

ISBN 3–8231–0155–2

ISBN 3–8231–0161–7

ISBN 3–8231–0160–9

ISBN 3–8231–0132–3

ISBN 3–8231–0133–1

ISBN 3–8231–0148–X

ISBN 3–8231–0142–0